J. DIRNBECK/P. P. KASPAR
DAS HOHELIED DER LIEBE

„Du bist schön, meine Freundin!"

Das Hohelied der Liebe

Deutsche Nachdichtung von
Josef Dirnbeck

Prosa über die Poesie des Hohenliedes von
Peter Paul Kaspar

Herder
Wien · Freiburg · Basel

Die ABBILDUNGEN auf den Seiten 17 (Geburt Evas aus der Rippe Adams), 25 (Gemahlin König Wenzels), 29 (Ernte im Garten), 53 (Abigail vor König David), 57 (Geburt eines Kindes und Darstellung im Tempel), 61 (Badeszene: Bademädchen mit König Wenzel), 77 (König David musiziert vor der Bundeslade), 81 (Die Jakobsleiter), vordere Umschlagseite (Bademädchen), hintere Umschlagseite (der Liebesknoten mit zwei Eisvögeln) stammen aus der WENZELSBIBEL, der ältesten deutschen Prachthandschrift der Bibel (Codex Vindobonensis 2759–2764) aus dem Besitz der Österreichischen Nationalbibliothek. Die Wenzelsbibel entstand in der Wenzels-Werkstatt, letztes Viertel des 14. Jh., in Prag (150 Jahre vor der deutschen Lutherübersetzung!) und wurde im Auftrag König Wenzels IV. (1363–1419) von Böhmen in 6 Bänden auf Pergament geschrieben und mit reichem Miniaturenschmuck und Randverzierungen versehen.

Die Randverzierungen tragen unverkennbar humoristische Züge; wiederkehrende Figuren sind Bademädchen mit Kübel und Badequaste, der König im Bad, seine Gemahlin und der „Liebesknoten". Diese Verzierungen dokumentieren wahrscheinlich den von König Wenzel gegründeten „Orden des Bades", der Wenzels utopische Idee eines besseren, reineren und vollkommeneren Lebens zum Ausdruck bringen sollte.

Da das HOHELIED in der Wenzelsbibel nicht illustriert ist, wählten wir Motive aus, die inhaltlich eine gewisse Nähe zur Thematik des Hohenliedes und der Überlegungen zur Poesie des Hohenliedes erkennen lassen.

Wir danken dem Bildarchiv der Österreichischen Nationalbibliothek für die Abdruckerlaubnis.

© Herder & Co., Wien 1983
Alle Rechte vorbehalten/Printed in Austria
Satz und Druck: Salzer - Ueberreuter, Wien
Bestellnummer ISBN 3-210-24706-4

INHALT

2. Teil
Hinter den Liebenden: ein zärtlicher Gott
Prosa über die Poesie des Hohenliedes

1. Teil

SALOMOS SAMMLUNG DER LIEDER DER LIEBE

LIED DES KUSSES

Sie

Komm küß mich
und leg deinen Mund
auf den meinen!
Mehr als den Wein
lieb ich es,
wenn du mich liebst!

Gut tut dein Duft,
der in der Luft liegt!
Dein Name ist ein
betörendes Öl!
Deswegen sind
alle die Mädchen
ganz außer sich!

Komm zieh mich,
mach rasch,
komm zieh mich mit dir,
ich folge dir nach!
Heut bist du der König,
der mich ins Gemach führt!

Aufjauchzen laß uns,
weil wir uns freuen,
daß du so gut bist
und daß deine Liebe
mehr ist als Wein!

Sag mir doch,
wen, wenn nicht dich,
sollte ich lieben!

Sie

Dunkelgetönt,
schön dunkelgetönt
ist meine Haut!
Töchter Jerusalems,
seht, wie ich aussEh'!
Seh' ich nicht aus
wie die Zelte von Kedar,
seh' ich nicht aus
wie Salomos Decken?

Wundert euch nicht,
daß ich so schwarz bin!
Die Sonne war es,
die mich verbrannt hat!
Meine eigenen Brüder
sind daran schuld,
denn die Bösen ließen
mich Weinberge hüten!

Ja, Weinberge hüten:
die reizenden Weinberge
hab' ich gepflegt,
meine weiblichen Reize
konnt' ich nicht pflegen!

Sie

Sag mir doch,
du, zu dem mich
mein Herz zieht,
wo du mit deiner
Herde umherziehst!

Verrat mir den Platz,
wo du Mittagsrast machst,
damit ich die Weide
der andern vermeide!

Oder ist es dir lieber,
wenn ich fragend nach dir
rastlos von Rastplatz
zu Rastplatz irr'?

Er

Frag doch nicht lang,
du Frau aller Frauen,
folg nur den Spuren der Schafe,
dann spürst du mich auf!

Hier, nimm deine Ziegen
und zieh zu den Hirten!

LIED DES SCHMUCKS

Er

Der prächtigen Stute
am prunkvollen Wagen,
in dem der Pharao fährt,
vergleiche ich dich,
meine Freundin!

Die Kettchen rechts
und die Kettchen links
hängen so hübsch
am Pharaowagen der Wangen!

Dein Hals erstrahlt
in Korallengirlanden,
und von mir bekommst du
dazu noch ein Halsband
in Gold und Silber!

LIED DES DUFTS

Sie

Die Nardossalbe
verströmt ihren Duft,
wenn mir zur Seite
der König beim Mahl
sich über mich beugt!

Sie

Sonst trag' ich Myrrhe
zwischen den Brüsten,
heut ruht mein Freund
an meinem Busen!

Eine Hennatraube,
wie sie bei En-Gedi
zu pflücken ist,
ist mein Geliebter!

LIED DES LIEBREIZES

Er

Du bist schön,
meine Freundin,
ja du bist schön,
deine Augen sind Tauben!

Sie

Du bist schön,
mein Freund,
ja du bist
außerordentlich schön!

LIED DES WALDES

Er

Das Grüne
ist unser Bett,
die Zedern
sind unser Dach,
und die Zypressen
sind unsere Wände!

LIED DER BLUME

Sie

Ich bin die Blume,
die im Scharon gedeiht,
ich bin die Lilie,
die in Tälern wächst!

Er

Eine Lilie
inmitten von Disteln,
das ist meine Freundin
inmitten der Mädchen!

Sie

Ein Apfelbaum
mitten im Wald,
das ist mein Freund
mitten unter den Männern!

Von seinem Schatten
lass' ich mich laben,
von seinen Früchten
esse ich gerne!

LIED DER SCHENKE

2,4–5   10

Sie

Im Weinkeller
bin ich mit ihm,
in der Liebesschenke,
wo er statt Wein
seine Liebe mir ausschenkt!

Kommt, helft mir
und bringt mir,
um mich zu stärken,
Rosinen und Äpfel,
denn ich bin ganz krank,
ganz an Liebe erkrankt!

LIED DER UMARMUNG

Sie

Mit der linken Hand
hält er meinen Kopf,
und mit der rechten
umfaßt er mich fest!

LIED DER BEHUTSAMKEIT

Er

Töchter Jerusalems,
bei Hirsch und Gazelle
laßt euch beschwören:
Seid nicht zu rasch
und weckt mir
die Liebe nicht auf,
ehe sie nicht
von selber erwacht!

Sie

Horcht, hört ihr ihn?
Es ist mein Geliebter!
Seht, wie er kommt,
wie er springt
von Berg zu Berg
und wie er hüpft
von Hügel zu Hügel!

Gazellenschnell
ist mein Geliebter,
flink wie ein Junghirsch
kommt er zu mir!

Da steht er ja schon
draußen vorm Haus
und späht nach mir aus,
das Auge am Gitter!

adam sprach · das bein nv vz
meinen beinen vnd vleisch vz
meinem vleische · Die wirt ge
heissen ein menschinne · wenne
sie ist aus dem manne genvmen

Sie

So spricht mein Freund:

Er

Steh auf, meine Freundin,
komm mit, meine Schöne!
Der Winter ist um,
es regnet nicht mehr!

Schon sprießen die Blumen,
schon klingen die Lieder,
die Turteltaube
ruft wieder im Land!

Die ersten Feigen
beginnen zu reifen,
die blühende Rebe
verströmt ihren Duft!

Steh auf, meine Freundin,
komm mit, meine Schöne!

Komm, Taube, verlaß
dein luftiges Nest,
bleib nicht im felsig
hohen Versteck!

Zeig dein Gesicht,
zeig deine Stimme!
Süß ist dein Ton,
lieb dein Gesicht!

LIED DES FÜCHSEFANGENS

Sie

Die kleinen Füchse
verwüsten den Weinberg,
helft uns beim Fangen!
Die den Weinberg zerstören,
stöbert uns auf!

LIED DES ABENDS

Sie

Mein Freund ist der Meine,
und ich bin die Seine!
Bis die Schatten wachsen
und der Tag niedersinkt,
weidet er dort,
wo die Lilien stehn!

Komm nun, mein Freund,
gazellenschnell komm,
flink wie ein Junghirsch
auf duftenden Bergen!

Sie

Ich lag des Nachts
in meinem Bett
und begann den,
zu dem mich
mein Herz zieht,
zu suchen!
Ich suchte ihn,
und er war nicht da!

Da verließ ich mein Bett
und durchsuchte die Stadt,
um auf allen Plätzen
nach ihm, zu dem mich
mein Herz zieht,
zu sehen!
Ich suchte ihn,
und er war nicht da!

Die Wächter der Stadt
trafen mich an
beim nächtlichen Rundgang:
Habt ihr ihn,
zu dem mich
mein Herz zieht,
gesehen?

Kaum war ich vorbei
an den Wächtern der Stadt,
da habe ich den,
zu dem mich
mein Herz zieht,
gefunden!

Ich packte ihn fest,
ich ließ ihn nicht aus
und zog ihn mit mir
ins Haus meiner Mutter!
Ins Haus meiner Mutter
habe ich den, zu dem mich
mein Herz zieht, gezogen!

LIED DER BEHUTSAMKEIT

3,5   18

Er

Töchter Jerusalems,
bei Hirsch und Gazelle
laßt euch beschwören:
Seid nicht zu rasch
und weckt mir
die Liebe nicht auf,
ehe sie nicht
von selber erwacht!

Er

Was steigt da herauf,
was kommt aus der Steppe?
Was für Säulen in Rauch,
was für Düfte von Myrrhe,
Harz und Gewürzen?

Sie

Das ist ja Salomos Sänfte,
umgeben von Israels Kriegern,
sechzig Helden des Schwerts,
ein jeder bewaffnet,
ein jeder gewappnet,
um den nächtlichen Zug
sicher zu führen!

Er

Ja, das ist Salomos Sänfte,
gezimmert aus Libanonholz
mit silbernen Säulen
und goldenen Lehnen,
mit Edelsteinen
und purpurnen Polstern!

Sie

Töchter Jerusalems, schaut!
Seht, Töchter Zions,
den Hochzeitszug!
Seht, Salomo trägt
heute als König
die Krone der Hochzeit,
die ihm seine eigene Mutter
zur festlichen Feier bereitet!

LIED DER SCHÖNHEIT

Er

Du bist schön,
meine Freundin.
Ja du bist schön,
deine Augen
hinter dem Schleier
sind Tauben!

Deine Haare sind Ziegen,
die an den Hängen
des Gilead ziehen!
Deine Zähne sind Schafe,
die frisch geschoren
und frisch gewaschen
der Schwemme entsteigen.
Keinem der Zähne
fehlt sein Gegenüber,
keiner von ihnen
hat einen Makel!

Deine Lippen sind
purpurne Bänder
an deinem herrlichen Mund!
Eine Granatapfelschnitte
ist deine Schläfe
hinter dem Schleier!
Dein Hals ist ganz so
wie Davids Turm:
Reihen und Reihen
verschiedener Steine,
mit tausend Schilden
behängt und gerüstet!
Gazellenzwillinge
sind deine Brüste,
zwei kleine Kitzlein,
die an den Lilien schnuppern!

Sie

Wenn die Schatten wachsen
und der Tag niedersinkt,
komm' ich zu dir
auf die duftenden Berge!

Er

Du bist vollkommen schön,
meine Freundin,
uneingeschränkt schön!

zen oder hoffest du
n vol stecken vnd
en zu brochnen auf

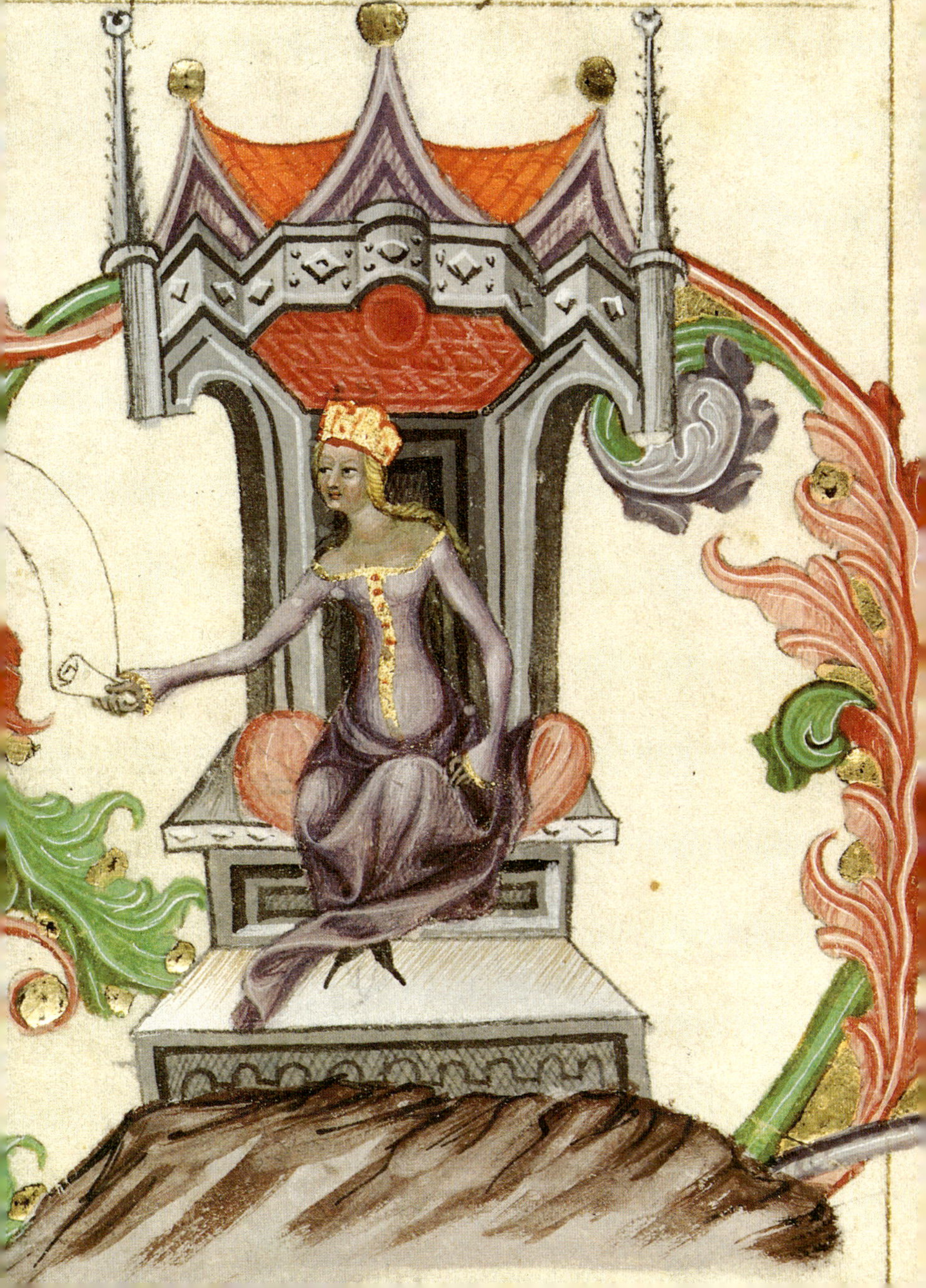

LIED DER EINLADUNG

Er

Komm mit mir,
meine Braut,
vom Libanon komm,
komm vom Haupt des Amana,
des Senir und Hermon,
wo Löwen und Panther hausen,
zu mir, komm zu mir!

LIED DER BERÜCKUNG

Er

Berückt hast du mich,
ja berückt, Schwester Braut,
mit dem Blick deiner Blicke,
mit der Perle deiner Perlen!

LIED DER SÜSSE

Er

Gut tut deine Liebe,
ja, Schwester Braut,
mehr als den Wein
lieb' ich es,
wenn du mich liebst!

Gut tut dein Duft,
besser einzuatmen
als Balsamduft!

Süßigkeit tropft,
meine Braut,
dir von den Lippen!
Dein Mund fließt
von Milch und Honig!
Durch deine Kleider
weht Libanonduft!

LIED DES VERSCHLOSSENEN GARTENS

Er

Ein verschlossener Garten
bist du, meine Braut,
ein verschlossener Brunnen
in einem verschlossenen Garten!

LIED DES GEÖFFNETEN GARTENS

4,13–15 25

Er

Du bist ein Garten
mit köstlichen Pflanzen:
Granatäpfel, Henna und Narde,
Krokus, Gewürzrohr und Zimt,
Aloe, Weihrauch und Myrrhe
und jeder erdenkliche Balsam!

Du bist die Quelle des Gartens,
der Brunnen lebendigen Wassers,
mit Wasser vom Libanon!

LIED DES GARTENFESTES

4,16;5,1 26

Sie

Blase, du Nordwind,
blase, du Südwind,
bringt meinem Garten
den Balsamduft!
Komm nun, mein Freund,
dein Garten ruft dich,
komm nun und iß
von den köstlichen Früchten!

gĩln tzoubern noch nitroyme
gelouben · Ir sult nicht scheib
lecht ewern schopf resneiden

Er

Ich komme, ich komme,
du meine Freundin,
in meinen Garten!
Ich pflücke die Myrrhe,
ich pflücke den Balsam,
ich esse den Honig samt Wabe,
ich trinke den Wein samt der Milch!

Eßt, Freunde! Trinkt!
Feiert mit uns
das Fest der berauschenden Liebe!

LIED DER SEHNSUCHT

5,2–7   27

Sie

Ich schlief des Nachts
in meinem Bett
und hörte den Freund
an der Tür:

Er

Mach auf, meine Freundin!
Meine Schwester, mach auf!
Du Taube, du Schönste, mach auf!
Denn mein Haar ist voll Tau,
meine Locken voll Tropfen der Nacht!

Sie

Ich lag schon im Bett:
Soll ich mich wieder bekleiden?
Ich hatte die Füße
bereits gewaschen:
Soll ich sie wieder beschmutzen?

Da streckte mein Freund
die Hand durch die Luke,
da zog es mich zu ihm hin!

Ich stieg vom Bett,
um dem Freund aufzumachen,
meine Hände griffen in Myrrhe,
die von dem Türriegel floß.
Ich schob den Riegel zur Seite,
um meinem Geliebten zu öffnen,
da war er verschwunden,
da war er nicht da!

Mir stockte der Atem:
er war nicht da!
Ich suchte ihn,
und er war nicht da!
Ich rief nach ihm,
und es kam keine Antwort!

Die Wächter der Stadt
trafen mich an
beim nächtlichen Rundgang.
Sie prügelten mich,
sie schlugen mich wund,
mein Gewand entrissen sie mir,
die Wächter der Stadt!

LIED DER BESCHWÖRUNG

Sie

Töchter Jerusalems,
laßt euch beschwören:
Trefft ihr ihn an,
zu dem mich mein Herz zieht,
so richtet ihm aus,
daß ich krank bin vor Liebe!

Die Töchter Jerusalems

Was ist der Vorzug
deines Geliebten,
was zeichnet ihn aus
vor anderen Männern?

Sag uns, du Schönste,
was dein Geliebter
für Vorzüge hat,
daß du uns so sehr
bestürmst und beschwörst!

Sie

Der, den ich liebe,
ist blutvoll und blendend,
er sticht hervor
unter tausenden Männern!
Gold ist sein Kopf!

Schwankende Dattelpalmen
sind seine Haare,
schwarz wie der Rabe!
Tauben an Wasserbächen
sind seine Augen!
Milchumspült sitzen
seine Zähne im Vollen!
Balsambeete
sind seine Wangen,
sein Bart ist ein Garten,
in dem Gewürz wächst.
Lilien sind seine Lippen,
von denen die Myrrhe fließt!
Gedrechseltes Gold
sind seine Arme,
mit Edelsteinen besetzt!
Elfenbein ist sein Leib,
über und über mit Saphir bedeckt!
Marmor auf goldenen Sockeln
sind seine Schenkel!
Wie die Zeder des Libanon
ist sein Wuchs!
Süß ist sein Mund,
alles, alles ist herrlich an ihm!

Töchter Jerusalems,
so ist mein Freund,
so sieht der aus,
den ich liebe!

Die Töchter Jerusalems

Wohin, du Schönste,
ging dein Geliebter?
Wo ist er? Wir wollen ihn
suchen mit dir.

Sie

Mein Freund besucht
seinen Garten!
Zu den Balsambeeten
ging mein Geliebter,
Lilien pflückt er am Grund!

Sie

Mein Freund ist der Meine,
und ich bin die Seine!
Er weidet dort,
wo die Lilien stehn!

LIED DER PRACHT

Er

Du bist schön,
meine Freundin,
schön und prächtig
wie die Stadt Tirza,
prächtig und schön
wie Jerusalem!

Blicke mich bitte
nicht unentwegt an!
Zu groß wird sonst
die Berückung!

Deine Haare sind Ziegen,
die an den Hängen
des Gilead ziehen!
Deine Zähne sind Schafe,
die der Schwemme entsteigen:
keines von ihnen
hat einen Makel!
Eine Granatapfelschnitte
ist deine Schläfe
hinter dem Schleier!

LIED DER EINZIGARTIGKEIT

Er

Sechzig Frauen
mag Salomo haben
und achtzig noch sonst,
von mir aus,
es sei ihm gegönnt:
Frauen und Mädchen,
so viel er will,
mag er sie haben!
Einzigartig jedoch
ist meine Taube, die Beste,
die eingeborene Tochter!
Salomos sämtliche Frauen
jubeln ihr zu!

LIED DER STRAHLUNG

Er

Wer ist sie,
die glänzt
wie das Morgenrot?
Wer ist sie,
die strahlt
wie der Mond?
Wer ist sie,
die scheint
wie die Sonne?

LIED DER ENTRÜCKUNG

Sie

In den Nußgarten steig' ich,
die Palme zu sehen,
ob sie schon sproßt,
den Weinstock zu sehen,
ob er schon austreibt,
die Granatbäume,
ob sie schon blühen!
Da war ich entrückt
und ohne mein Wissen
geriet ich in Fahrt
im Wagen meines Gefährten!

LIED DES HOCHZEITSTANZES

Die jungen Männer

Dreh dich, dreh dich,
laß dich betrachten,
Schulammit, dreh dich im Kreis!

Sie

Was wollt ihr denn sehn
beim Reigentanz?
Worauf wollt ihr denn
bei Schulammit schauen?

Er

Wie schön du verstehst
deine Füße zu setzen,
wie majestätisch
in deinen Sandalen!
Meisterlich ist
der Schwung deiner Hüfte,
als wär' er das Werk
eines Goldschmieds!
Empfangsbereit
ist dein Schoß:
ein Becken, dem nie
der Mischtrunk vertrockne!
Dein ganzer Leib
ist gereifter Weizen,
den Lilien säumen!
Gazellenzwillinge
sind deine Brüste!
Ein Elfenbeinturm
ist dein Hals!
Die Teiche zu Heschbon
beim Tor von Bat-Rabbim
sind deine Augen,
und deine Nase
ist der Libanonturm,
der nach Damaskus schaut!
Dein Kopf ist der Karmel,
und deine Haare sind
ein Knäuel purpurner Wolle,
in dem sich der König verstrickt!

LIED DER PALME

Er

Schön bist du,
meine Liebe,
reizend bist du,
mein Glück!
Wie die Palme
bist du gewachsen!
Datteldolden
sind deine Brüste!
Ich sage: ich klettre
die Palme hinan!
Ergreifen will ich
die Datteln, ergreifen
die Weintraubenbrüste!
Riechen will ich
an deinem Apfelatem
und trinken den
Wein deines Mundes,
der mir im Schlaf noch
Lippen und Zähne benetzt!

LIED DES VERLANGENS

Sie

Mein Freund ist mein,
und ich bin sein!
Nach mir steht
sein Verlangen!

LIED DER WANDERUNG

Sie

Komm mit, mein Freund,
gehn wir aufs Land,
wandern wir über die Felder!
Das Nachtlager machen wir uns
am Rande der Dörfer,
und wenn's wieder tagt,
wollen wir gleich
in die Weinberge gehn,
den Weinstock zu sehen,
ob er schon austreibt,
die Rebknospe,
ob sie schon offensteht,
die Granatbäume,
ob sie schon blühen.
Dort geb' ich mich dann,
Liebster, dir hin!

LIED DER ÄPFEL

Sie

Äpfel, duftende Äpfel
hab' ich für dich!
In der Kammer sind
köstliche Früchte:
solche von heuer

und solche vom Vorjahr,
die ich für dich
gespart hab',
mein Freund!

LIED DER HEIMLICHKEIT

8,1–2   40

Sie

O wäre ich nur
deine Schwester,
mein Freund!
O wärst du der Sohn
meiner Mutter,
dann müßte ich nicht
heimlich dich treffen,
ich könnte dir
draußen begegnen
und würde dich küssen,
und niemand
könnte mich schelten!
Ich würde dich holen!
Ins Haus meiner Mutter
würd' ich dich bringen!
Würzwein kredenzte ich dir
und tränke mit dir
Granatapfelmost!

LIED DER UMARMUNG

Sie

Mit der linken Hand
hält er meinen Kopf,
und mit der rechten
umfaßt er mich fest!

LIED DER BEHUTSAMKEIT

Er

Töchter Jerusalems,
bei Hirsch und Gazelle
laßt euch beschwören:
Seid nicht zu rasch
und weckt mir
die Liebe nicht auf,
ehe sie nicht
von selber erwacht!

LIED DES APFELBAUMS

Die jungen Männer

Wer ist sie,
die da heraufsteigt?
Wer kommt aus der Steppe,
gestützt auf den Freund?

Er

War ich nicht der Apfelbaum,
in dessen Schatten du lagst,
als ich dich weckte,
und in dessen Schatten dich
deine Mutter empfing und gebar?

LIED DES SIEGELNS

8,6a   44

Sie

Mach mich zum Siegel
auf deinem Herzen,
steck mich als Siegelring
an deine Hand!

LIED DER MÄCHTIGKEIT

8,6b–7a   45

Sie

Stark wie der Tod
ist die Liebe,
die Leidenschaft
mächtig wie die Scheol!
Die Gluten der Liebe
sind feurige Gluten,
mächtige Brände!

Selbst Wassermassen
können die Liebe
nicht löschen,
selbst Ströme
töten sie nicht!

LIED DES FEILSCHENS

Sie

Feilschte einer
um Liebe,
und böte er auch
für die Liebe
all seinen Reichtum,
ja, gäbe er gar alles hin,
was er besitzt,
um zu besitzen die Liebe:
Verlacht nur
würde der Feilscher!

LIED DER BRÜDER

Die jungen Männer

Was sollen wir tun
mit unserer Schwester:

sie ist noch so klein,
noch ganz ohne Brüste?
Was sollen wir tun
mit unserer Schwester,
wenn einer daherkommt
und sie zur Frau will?

Ist sie eine Mauer,
so baun wir auf ihr
eine silberne Zinne!
Ist sie eine Tür,
so verriegeln wir sie
mit Libanonholz!

Sie

Ich bin eine Mauer,
und meine Brüste sind Türme,
so hab' ich bei ihm
Entzücken geweckt!

LIED DES WEINBERGS

8,11–12   48

Er

Es war ein Weinberg
in Baal-Hamon,
den besaß Salomo
und übergab ihn den Hütern:

Ein wertvoller Weinberg!
Tausend Silberlinge
bringt der leicht ein!

Ha, Salomo!
Gern überlaß ich
dir deine tausend!
Und zweihundert denen,
die deinen Weinberg bewachen!
Mein eigener Weinberg,
der vor mir liegt,
der hat für mich
viel viel größeren Wert!

LIED DER LOCKUNG

8,13–14   49

Er

Du bist in den Gärten,
wo bleibt dein Ruf?
Zeig deine Stimme,
laß mich dich hören!

Sie

Komm nun, mein Freund,
gazellenschnell komm,
flink wie ein Junghirsch
auf duftenden Bergen!

2. Teil

HINTER DEN LIEBENDEN: EIN ZÄRTLICHER GOTT

Prosa über die Poesie des Hohenliedes

Der folgende Versuch ist in mehrfacher Hinsicht paradox: Er will in schlichter Prosa der Poesie einer der berühmtesten Liebesdichtungen der Weltliteratur nachspüren. Er will nachdenken über einen „heiligen Text" (aus der Heiligen Schrift der Juden und der Christen), in dem weder ein einziger ausdrücklich religiöser Satz noch das Wort oder der Begriff „Gott" vorkommen. Und er will drittens über eine Sammlung vorwiegend erotischer Liebeslieder schreiben, die in den Kanon (das Verzeichnis) der Bibel in der Annahme aufgenommen wurden, es handle sich nicht um erotische Liebeslieder.

Beginnen wir mit dem Letzten: Der langwierige Streit um das Hohelied und seinen Platz unter den heiligen Büchern der Bibel endete mit der Aufnahme – weil man meinte, der Text wäre nicht tatsächlich als Sammlung von Liebesliedern, sondern als Allegorie (Bild- oder Gleichnisrede) zu verstehen. Heute wird diese Ansicht nur noch wenig vertreten. Die wichtigsten allegorischen Deutungen meinten, in der Liebe von Mann und Frau wäre bildhaft die Liebe Gottes zum Volk Israel ausgedrückt oder die Beziehung Christi zur Kirche oder die Einheit Gottes mit der Seele.

Im vorigen Jahrhundert kamen Forscher unter dem Einfluß der Wiederentdeckung orientalischer Kunst einerseits und der Vorliebe der Romantik für Volkskunst andrerseits auf folgende Theorie: Man meinte, es handle sich um Lieder einer dramatischen Handlung, einer Art Hirten- und Königsspiel um den König Salomo. Nach einer alten (doch unwahrscheinlichen) Legende soll er der Dichter gewesen sein.

Am Beginn unseres Jahrhunderts brachten neuere Forschungen den berühmten Text mit ägyptischen, babylonischen und kanaanäischen Fruchtbarkeitskulten in Verbindung. Demnach wären es Kultlieder mit mythologischen Inhalten.

Gestützt auf die jüdische Überlieferung, man habe das Hohelied früher bei Hochzeiten gesungen (und sei dafür vom Rabbi Akiba getadelt worden), vermuteten andere Forscher um die Jahrhundertwende, es handle sich um palästinensische und syrische Hochzeitslieder des einfachen (Bauern- und Hirten-)Volkes.

Der heutige – und somit auch nur vorläufige – Stand der Forschung nimmt überwiegend an, es handle sich um eine Sammlung altjüdischer Liebeslieder verschiedener Herkunft, leider auch unvollständig. So lassen sich einige dunkle und wie Fragmente wirkende Stellen erklären. Die Zusammenfassung wird etwas vage mit dem 3. oder 4. Jahrhundert vor Christus datiert. Es dürfte aber wahrscheinlich sein, daß einige Teile wesentlich älter sind, vielleicht sogar auf eine tatsächliche Liebesgeschichte Salomos Bezug nehmen.

Resümee: Wirkliche Liebeslieder, vital, sinnlich, bilderreich, erotisch – fürs erste nicht religiös gemeint –, aber doch vielleicht nicht ohne Grund in der Bibel überliefert.

Der Titel: das Hohelied, das Lied der Lieder, das Hohelied der Liebe (so nennt man allerdings auch den ähnlich berühmten Paulustext aus dem ersten Korintherbrief, 1. Kor. 13), das Hohelied Salomos, lateinisch: Canticum Canticorum, hebräisch: Schir Haschirim.

DIE LIEDER DER LIEBENDEN

Zuerst ein wichtiger Unterschied: Das Hohelied des Alten Testaments ist kein Lied über die Liebe (wie das des Neuen Testaments), sondern es sind die Lieder Liebender. Deshalb sind es keine klugen und besonnenen Texte weiser oder erfahrener Menschen, sondern es sind farbige und kräftige Lieder junger Menschen – oder wenigstens junggebliebener. Wenn Liebende ihre eigene Liebe zur Sprache bringen, dann klingt auch in nüchternen Worten die Begeisterung mit, die Ergriffenheit, die Freude an der Begegnung – oder auch die Traurigkeit über eine Trübung des Glücks.

In gewisser Weise wird jeder Mensch, der einem anderen seine Liebe erklärt, zum Dichter. Sprachlich unbeholfen vielleicht, stockend oder verlegen, oft auch mit Hilfe abgenutzter Sprachformeln – doch der Versuch, sich über die Alltagssprache zu erheben, ist unüberhörbar. Wie viele Menschen mögen es sich nicht schon gewünscht haben, wenigstens für ein einziges Mal in ihrem Leben zum Dichter oder Sänger zu werden: um einem geliebten Menschen ihre Liebe zu sagen. Es kann aber auch die Freude an einer Blume, an einem Geschenk, an einer Landschaft, an einem Kunstwerk (ja, auch die Freude an Gott gehört hieher) die Sprache verwirren. Und gerade bei der Freude an einem Menschen (und das ist wohl die Liebe) reicht die nüchterne Alltagssprache nicht aus, um all das zu sagen, was uns bewegt.

Deshalb ist es auch eine gewisse Indiskretion, die bewegte Sprache eines Liebenden zu hören, zu lesen. So wie wir ja auch nicht ohne schlechtes Gewissen fremde Liebesbriefe lesen würden. Wer die begeisterte Sprache der Liebenden hört oder liest, sollte deshalb taktvoll und mit viel Einfühlungsvermögen darangehen, die Ergriffenheit der Liebenden zu teilen. Doch auch der zeitlich weite Abstand von zweieinhalb Jahrtausenden zur Entstehungszeit des Hohenliedes zwingt uns dazu, solche Einfühlung zu versuchen.

Die folgenden Abschnitte haben die Absicht, einer Dichtung der Antike, die in einer uns recht fremden Kultur entstanden ist, Hilfe zu leisten. Wir, die wir die Lieder der Liebenden weder in der Originalsprache hören können (auch Melodien sind uns keine erhalten), noch die Zeitumstände genauer kennen, die diesen Liedern ihr Gepräge gaben – wir wollen mit geradezu zärtlicher Neugier dem nachspüren, dessen Lob in diesen Liedern gesungen wird: der Liebe.

Die Sänger, die Dichter, die Akteure und die damaligen Hörer dieser Lieder sind längst tot. Kein Name ist mehr bekannt, kein Ort, kaum die Zeit. Lebendig sind die Lieder und lebendig ist die Botschaft – weil die Menschheit hoffen kann, solange Menschen die Liebe wagen.

Ein unnötiges Lob – könnte man meinen. Schönes lobt sich selbst. Doch finden nicht alle das Gleiche schön. Was ist überhaupt schön, was häßlich? Gibt es so etwas wie absolute Schönheit? Genaugenommen ist es ein falscher Satz zu sagen, etwas sei schön. Der richtige Satz könnte nur heißen: Ich finde etwas schön. Denn die Maßstäbe für Schönheit wandeln sich nach Zeiten, nach Kulturen, ja auch nach persönlichem Geschmack. Immer wieder haben die Menschen einer Generation das verachtet oder weggeworfen, was noch ihre Vorfahren als schön, ja als Kunstwerk hochgeschätzt haben. Auch das Schönheitsideal des menschlichen Körpers ist dem Wandel unterworfen. So konnte es sein, daß in einer kargen Zeit ein Mann voll Wohlgefallen auf den gutgenährten Körper seiner Frau blickte – während die heutige Mode einen eher unterernährten Körper als Ideal anpreist. Es gibt (glücklicherweise) keine objektive, allgemeingültige Schönheitsnorm.

Wenn ich einem Menschen sage: Du bist schön! – dann meine ich, daß er mir gefällt. (Und vielleicht meine ich noch ein wenig mehr.) Denn – nichts und niemand ist schön an sich. Schön kann etwas nur in bezug auf den Betrachter sein. Was nie gesehen wurde – etwa die Rückseite des Mondes –, kann auch keinem gefallen. Letztlich ist es meine Art zu sehen, die etwas schön macht. Was ich mit liebenden Augen sehe, finde

ich schön. Was ich mit übelwollendem Sinn betrachte, kann ich gar nicht schön finden. Zumindest werde ich einen Fehler entdecken oder einen Einwand haben. Erst das Wohlwollen macht das Betrachtete schön. Wir sollten deshalb nicht so sehr über die äußere Erscheinungsweise eines „schönen" Menschen nachdenken, sondern über die innere Betrachtungsweise dessen, der den anderen schön findet. Die Schönheit eines Menschen, der mir gefällt, liegt also auch irgendwie in mir – weil ich ihn oder etwas an ihm liebe. Deshalb ist ein tieferes Nachdenken über die Schönheit immer auch ein Nachdenken über die Liebe.

Es gibt einen gewissen Meinungsdruck, etwas schön oder unschön zu finden – ausgeübt durch den allgemeinen Geschmack, die Mode, die Werbung, die Medien usw. Doch wenn wir eine der angepriesenen Normschönheiten mit einem durchschnittlichen Menschen aus unserem Freundeskreis vergleichen, bemerken wir: Es gibt eine kalte Schönheit, die uns nicht berührt: die Schönheit einer Puppe. Sie könnte uns zu keiner Begeisterung hinreißen. Ihr würden keine Liebeslieder gedichtet.

Es kommt auch vor, daß Menschen, die kaum einer schön nennen möchte, geradezu aufblühen, wenn sie glücklich sind, wenn sie sich geliebt wissen. Und da spüren wir: Die Liebe kann einen Menschen nicht nur innerlich, sondern auch in seiner äußeren Gestalt aufblühen lassen wie die Sonne eine Blume.

Die Dichter des Hohenliedes können sich sehr ereifern, wenn es um die Schönheit ihrer Geliebten geht. Und diese Schönheit ist konkret: „Meisterlich ist der Schwung deiner Hüfte." – „Ein Elfenbeinturm ist dein Hals." – „Deine Haare sind ein Knäuel purpurner Wolle, in dem sich der König verstrickt." (Lied Nr. 35.) Das ist keine Schönheit aus einem Lehrbuch der Ästhetik, aus einem Modejournal oder aus der jüngsten Meinungsumfrage. Das ist auch keine Schönheit jener Männerphantasien, in denen nur Frauen vorkämen. Auch sie, die Geliebte, begeistert sich an seinen Vorzügen: „Sein Bart ist ein Garten, in dem Gewurz wächst." – „Wie die Zeder des Libanon ist sein Wuchs! Süß ist sein Mund, alles, alles ist herrlich an ihm! Töchter Jerusalems, so ist mein Freund, so sieht der aus, den ich liebe!" (28)

LOB DER ZÄRTLICHKEIT

Ein modisches Lob – könnte man denken. Ist doch Zärtlichkeit zu einer Modetugend geworden, seit wir die Liebe und die Erotik dem marktschreierischen Getue der Werbung und dem Leistungsdruck und Potenzgehabe einer verdächtig gewordenen Männerwelt entziehen wollen.

Leider wird zuwenig unterschieden zwischen der Zärtlichkeit als innerer Haltung und den konkreten Zärtlichkeiten (in der Mehrzahl). Zärtlichkeiten heute noch verteidigen zu wollen ist müßig. Man sieht sie, auch ungewollt, auf den Straßen und in den Parks. Und keineswegs nur in der Nacht. Gerade junge Leute sehen keinen Grund mehr, sich wegen ihrer Liebe und der dazugehörigen Gesten zu genieren. „Seht nur her, wie sehr wir uns unsrer Liebe freuen!" scheinen sie zu sagen. Verständlich, daß solche Unbekümmertheit in unsere nüchterne, gestreßte Alltagswelt wenig passen will.

Doch hier soll weniger ein Lob der Zärtlichkeiten gesagt werden (das ganze Hohelied ist ja selbst eines), sondern die innere Haltung der Zärtlichkeit soll zur Sprache kommen. Die behutsame Gestimmtheit, die uns immer dann erfüllt, wenn wir etwas Feines, etwas Zerbrechliches, etwas Verletzliches, etwas Zartes sehen. Denn wir wollen das Feine nicht vergröbern, das Zerbrechliche nicht zerbrechen, das Verletzliche nicht verletzen, das Zarte nicht zerstören. Die Zartheit, mit der wir eine Blüte bewundern, ist Zärtlichkeit. Die Zartheit, mit der wir ein Kunstwerk betrachten, ist Zärtlichkeit. Die Zartheit, mit der wir ein weinendes Kind in die Arme nehmen, ist Zärtlichkeit. Die Zartheit, mit der wir den Geliebten umarmen, ist Zärtlichkeit.

Zärtlichkeit ist jenes allezeit gültige Wissen um die Verletzlichkeit jedes Menschen, das uns veranlaßt, die

sünde zu der tir des getzeldis
des getzeuknusse. Vnd ant
wortte das dem priester. Der

Schwächen des anderen zu schonen, sein Wohlbefinden zu fördern und ihn in der Traurigkeit aufzurichten. Denn Zärtlichkeit ist Trost.

Deshalb erfüllt sich die Zärtlichkeit (in der Einzahl) auch nicht bloß in Berührungen, in den vielen liebenden Zärtlichkeiten (in der Mehrzahl). Vielmehr zeigt sich die Zärtlichkeit als Behutsamkeit im Umgang mit dem anderen, als eine einfühlsame Art zu reden, zuzuhören, Fragen zu stellen und Interesse zu zeigen. Es gibt eine zärtliche Atmosphäre, einen Raum behüteter, weil bewußter Verletzlichkeit. Wem einmal bewußt wurde, wie sehr wir gerade im Wagnis des Liebens jeden Schutz ablegen, symbolhaft oder tatsächlich unsere unbeschützte Nacktheit riskieren, dem wird verständlich, was mit Zärtlichkeit gemeint ist.

Es ist wohl kein Zufall, daß sich das Lied der Behutsamkeit gleich mehrmals im Hohenlied findet: „Töchter Jerusalems, bei Hirsch und Gazelle laßt euch beschwören: Seid nicht zu rasch und weckt mir die Liebe nicht auf, ehe sie von selber erwacht!" (12, 18, 42)

Die Umarmung als Sprache unseres Körpers will dem anderen sagen: Ich will dich umfangen, ich will dein Schutz sein, ich will deine Höhle sein, in mir bist du geborgen. Wir wollen mit unseren Leibern einer des anderen Verletzlichkeit abdecken, einer den anderen bekleiden, einer den anderen trösten. Solche Umarmung zeigt Zärtlichkeit und Trost (11, 41).

LOB DER SINNLICHKEIT

Ein notwendiges Lob. Denn noch immer gilt Sinnlichkeit entweder überhaupt als sündhaft oder doch wenigstens der Nähe zur Sünde verdächtig. Eine Ehrenrettung der Sinnlichkeit ist angebracht.

Zuerst ist mit Sinnlichkeit das gemeint, was das Wort sagt: die Wahrnehmung der Sinne. Die Begabung zu sehen, zu hören, zu riechen, zu schmecken und zu tasten. Der Mensch tritt mit seinen Sinnen in Kontakt zur Außenwelt, er ist ein Sinnenwesen. Doch die tiefere Bedeutung von Sinnlichkeit liegt erst darin, daß wir uns der Sinne und ihrer Fähigkeiten freuen. Wir empfinden Lust daran. Sinnenlust. Mit einer Ehrenrettung der Sinne muß also auch noch eine der Lust versucht werden. Ein mühsames Unterfangen in einer Zeit, in der Sprache und Denken mit Abwertungen verseucht sind: Lüsternheit, Fleischeslust, Lustseuche, Lustmörder, Wollust. (Letztere meinte ursprünglich die Wohl-Lust, zum Unterschied zur bösen. Doch mit der Zeit wurde sogar die gute zur bösen Lust.)

Das eigentliche Sinnesorgan des Menschen ist die Haut, seine ganze Körperoberfläche. Mit dieser Haut „be-greift" der Mensch sogar dann seine Umwelt, wenn Hören, Sehen, Riechen oder Schmecken gestört sind. Ohne Haut kann der Mensch nicht leben, nicht fühlen, nicht kommunizieren. Bestimmte Stellen der Haut sind mit zusätzlichen Fähigkeiten ausgestattet, eben den fünf Sinnen. Doch erstes und unersetzliches Sinnesorgan ist die Haut. Wann haben wir uns das letzte Mal voll Wohl-Lust in unserer Haut wohl gefühlt? Können wir überhaupt noch unseren Körper genießen? Können wir überhaupt noch wollüstig riechen, schmecken, hören, schauen?

Die Begegnung Liebender und die Begegnung zweier Körper bietet unzählige Sensationen (womit ursprünglich sinnliche Erfahrungen gemeint waren). Es kann geradezu aufregend sein, einen Menschen zu riechen. Wie es ja auch aufregend ist, jemand „nicht riechen zu können". Unsere Seifen- und Spraykultur hat uns den natürlichen Geruch eines Menschen vermiest. Schade, daß wir meinen, unsere persönliche Duftnote chemisch aufbessern oder gar überdecken zu müssen. Deshalb können wir auch alte Liebeslieder so schwer verstehen, wenn es dort heißt: „Gut tut dein Duft, der in der Luft liegt!" (1) Doch das Hohelied ist voll Entzücken über das Riechen und Schmecken in der Begegnung der Liebenden: „Komm küß mich und leg deinen Mund auf den meinen! Mehr als den Wein lieb' ich es, wenn du mich liebst!" (1)

Die Wanderung über den geliebten Leib des geliebten Menschen wird zu einer Wanderung durch einen Garten: „Du bist ein Garten mit köstlichen Pflanzen: Granatäpfel, Henna und Narde, Krokus, Gewürzrohr und Zimt, Aloe, Weihrauch und Myrrhe und jeder erdenkliche Balsam!" (25)

Deutrononnus das do ist
also gesprochen das buch
der anderwerdunge der e.

as sint die wort die do geredt
hat moyses zu allem israel
vber den iordan in den velden

LOB DER LEIBHAFTIGKEIT

Ein weiterführendes Lob. Denn nach der Oberfläche des Leibes geht es um ihn selbst. Der Mensch hat keinen Leib – er ist Leib. Wer einen Menschen liebt, kann nicht von dem absehen, was er ist. Wir sind leibhaftig. Und das ist zu loben.

Leicht ist der Leib zu loben, wenn er uns schön scheint, wenn er jung und voll Kraft ist, wenn er sich anmutig bewegt. Doch da stockt bereits das Lob. Und was ist mit dem weniger vollkommenen, mit dem behinderten, dem vielleicht durch Arbeit verbrauchten oder durch Kummer frühzeitig verblühten Körper? In die Freude über den vitalen, den lebenskräftigen Körper mischt sich bald auch die Melancholie über den vergänglichen Leib. Nicht so sehr, weil vielleicht ein weniger junger oder nicht so anmutiger Körper weniger geliebt und gelobt werden könnte, sondern weil auch der vollkommene Leib des attraktivsten Menschen bereits den Tod in sich birgt. Wie jede Liebe, so wirft sich auch diese dem Tod entgegen. Sie trotzt dem Tod. Sie trotzt dem Altern. Sie sagt: Mit dir will ich alt werden. Sie sagt vielleicht sogar: Mit dir will ich sterben. Als ob der Tod dann nicht so bitter wäre.

Für kurze Zeit scheint der Tod besiegt. Die Zeit steht still. Der Augenblick scheint zu verweilen. Bis die Trauer wieder ihre Arbeit aufnimmt und uns daran erinnert, daß wir sogar im Lieben dem Tod entgegenaltern. Im „kleinen Tod" (wie die Franzosen sagen)

62

scheint der große Tod nur für eine knappe Frist aufgehoben. Das Leben geht weiter. Der Tod hat uns wieder.

Vielleicht kommt daher jene Leidenschaft, mit der wir uns an die leibhafte Liebe klammern, und jene Melancholie, die uns manchmal danach befällt.

Ohne auch nur einen einzigen Gedanken an die Zukunft zu verschwenden, ohne das Altern oder den Tod wahrhaben zu wollen, genießt das Hohelied in vollen Zügen die Freuden der leiblichen Liebe. (Die einzige Erwähnung des Todes im Lied Nr. 45 wird uns noch beschäftigen.) Mit spielerischer Ausgelassenheit werden wiederholt die Körperteile des Geliebten beschrieben, mit Früchten, Tieren und Gegenständen verglichen. Nur die Fremdartigkeit der Sprache und der Bilder haben diesen Text davor gerettet, in den sittenstrengen Jahrhunderten vor unserer Zeit als obszön und verwerflich zu gelten. (Und vielleicht noch der Rang als „Heilige Schrift".)

Es ist wahrhaft ein gewagtes Bild, die Geliebte als Palme zu bezeichnen, die man besteigen will, um an ihre Früchte zu kommen: „Wie die Palme bist du gewachsen! Datteldolden sind deine Brüste! Ich sage: ich klettre die Palme hinan! Ergreifen will ich die Datteln, ergreifen die Weintraubenbrüste! Riechen will ich an deinem Apfelatem und trinken den Wein deines Mundes, der mir im Schlaf noch Lippen und Zähne benetzt!" (36)

LOB DER BILDHAFTIGKEIT

Die Dichter des Hohenliedes gehen in ihrer Bildersprache noch viel weiter, als die Brüste der Geliebten mit Früchten zu vergleichen. Da gibt es Vergleiche, die man bei geringem Einfühlungsvermögen oder bei einer ungeschickten Übersetzung fast als lächerlich empfinden könnte: ein Hals wie ein Turm, Brüste wie Gazellen, Augen wie Teiche (35) oder Marmorschenkel auf goldenen Sockeln und Haare wie schwankende Dattelpalmen (28).

Doch die Bildersprache der Dichter weist auf eines hin: Für den Liebenden wird die ganze Welt samt ihren Schönheiten und Kostbarkeiten zum Bild des Geliebten. Und der Geliebte spiegelt dem liebenden Betrachter all das wider, was die Welt verziert; die Blüten, die Bäume, die Landschaft, die Tiere, alles Menschenwerk, ja Sonne, Mond und Sterne. So wie der Liebende am Geliebten nur Schönes sieht, so sieht er auch an der Welt nur das Schöne. Die Begeisterung läßt ihm die Welt in einem verklärenden Licht erscheinen. Freilich – die wirkliche Welt ist eine andere. Doch was ist den Liebenden wirklicher als die Wirklichkeit ihrer Liebe?

An dieser Stelle wird etwas deutlich, was das ganze Hohelied durchzieht: Inmitten einer durch Kriege und Nöte gekennzeichneten Wirklichkeit gestattet sich die Bibel den Luxus, ein eigenes Werk einzufügen, in dem diese so düstere Wirklichkeit nicht vorkommt. Auch Religion kommt darin nicht vor. Moralische Probleme werden beiseitegelassen. Ja, die Liebenden, die sich so ungeniert körperlicher Lust erfreuen, sind nicht einmal verheiratet. Und auch Gott kommt in diesen Liedern nicht vor. Wenigstens wird er nicht genannt. Vor der Begeisterung der Liebenden füreinander versinkt alles ins Bedeutungslose. Oder es wird verklärt in jener Bildersprache, die alles Schöne, Gute und Lustvolle in Beziehung setzt zum Geliebten.

Wer das alles bedenkt, versetze sich noch in die orientalische Welt um etwa 300 vor Christus. Was alles dieser Welt schön, wertvoll und lustbringend war, diente den Dichtern dazu, Schönheit, Wert und Lust der Liebe zu besingen: „Lilien sind seine Lippen, von denen Myrrhe fließt! Gedrechseltes Gold sind seine Arme, mit Edelsteinen besetzt! Elfenbein ist sein Leib, über und über mit Saphir bedeckt! Marmor auf goldenen Sockeln sind seine Schenkel!" (28) Und nicht ohne Humor meldet sich folgendes Bildlied zu Wort: „Sonst trag' ich Myrrhe zwischen den Brüsten, heut' ruht mein Freund an meinem Busen! Eine Hennatraube, wie sie bei En-Gedi zu pflücken ist, ist mein Geliebter!" (6)

Doch auch für die höchsten Freuden der Liebe weiß der Dichter Bilder von seltener Schönheit: „Empfangsbereit ist dein Schoß: ein Becken, dem nie der Mischtrunk vertrockne! Dein ganzer Leib ist gereifter Weizen, den Lilien säumen! Gazellenzwillinge sind deine Brüste!" (35)

Manche werden die Sprache des Hohenliedes vielleicht „verspielt" nennen, werden ihr geringen Ernst vorwerfen, der doch bei einem so hohen Thema angebracht sei, und es als einen Betriebsunfall ansehen, daß solch ein Text in das so tief- und hintergründige Werk der Bibel hineingerutscht sei. Ich hingegen möchte das Hohelied eher „spielerisch" nennen, mich über den Humor und die gelegentlich scherzende Art gerade bei diesem Thema freuen – und es der jüdischen und der christlichen Tradition lobend vermerken, daß sie Erotik und Liebe nicht unbedingt und immer mit feierlichem Ernst behandelt.

Seit der Antike kennt die Philosophie das Motiv des göttlichen Spiels. Das Spiel, das nicht auf einen nutzbringenden Zweck hingerichtet ist, das seinen Sinn nur in sich selbst trägt. Das Spiel, das eben nur dazu da ist, gespielt zu werden. Nicht das Gewinnspiel also oder das Glücksspiel, auch nicht das Wettspiel oder den Zeitvertreib aus Langeweile, sondern das Spiel um seiner selbst willen.

Solches Spiel lebt in der Vorstellung des spielenden Gottes, der sich im Sein und im Schaffen selbst verwirklicht. Oder im heiteren und zwecklosen Spiel des Tanzes oder der Musik, im selbstvergessenen Spiel des Kindes oder im Liebesspiel. In unserer so rational-zweckgebundenen Zeit scheint das sicher vielen Menschen unernst und kindisch. Tatsächlich ist es heiter und kindlich. Kindlich statt kindisch – spielerisch statt verspielt.

Die Heiterkeit des spielerischen Menschen liegt darin begründet, daß er sich trotz aller Mühsal und Verletzlichkeit in Gott geborgen weiß. Wie sich ja auch Liebende ineinander geborgen wissen. Und so miteinander spielen können. Und zugleich Spieler und Spielzeug sind. In einem Spiel, dessen einzige Regel die Liebe ist, spielen die Körper und die Seelen, spielen die Glieder, die Haut und die Sprache. Ernst und heiter, leidenschaftlich und zärtlich.

Zum Liebesspiel gehört nicht nur das, was man allgemein darunter versteht, sondern auch das Scherzen mit Sprachspielen und Bildern aus der Pflanzen- und Tierwelt. So hören wir noch heute mit Vergnügen, wie sie den herbeieilenden Geliebten in bilderreicher Sprache neckt: „Seht, wie er kommt, wie er springt von Berg zu Berg, und wie er hüpft von Hügel zu Hügel! Gazellenschnell ist mein Geliebter, flink wie ein Junghirsch kommt er zu mir! Da steht er ja schon draußen vorm Haus und späht nach mir aus, das Auge am Gitter!" (13)

So könnte man sich vorstellen, daß er – wenig später – mit einem erotischen Scherz erwidert: „Gazellenzwillinge sind deine Brüste, zwei kleine Kitzlein, die an den Lilien schnuppern!" (20)

LOB DES POETISCHEN

In diesem Lob soll es nicht um die hohe Dichtkunst gehen, sondern um unsere eigene Fähigkeit zur Poesie. Denn auch im nüchtern-realistischen Menschen steckt jene Sehnsucht nach Poesie, die ihn in Augenblicken der Bewegtheit, der Ergriffenheit, des Außersichseins wünschen läßt, das Erlebte in ausdrucksstarke Sprache kleiden zu können. Und wenn er dann vielleicht den Text eines Dichters liest, in dem seine eigene Erfahrung stark ausgedrückt zu spüren ist, dann sagt er: Genauso hab' ich es empfunden. Wenn ich die Worte hätte, ich hätte es so beschrieben.

Doch begehen wir keinen Irrtum: Das eigentlich Poetische liegt nicht im niedergeschriebenen Text – es liegt in der dem Text zugrundeliegenden Erfahrung. Und im tieferen Sinn ist jeder ein Poet, der solche Erfahrungen macht. Auch wenn er sie nicht niederschreiben könnte. Poesie ist die Fähigkeit, von den Dingen dieser Welt ergriffen zu sein, die Begeisterung über Schönes und Erhabenes, die Betroffenheit von Trübem und Traurigem, die Phantasie, die sich zu ausdrucksvollen Bildern hinreißen läßt. Poesie ist ein entwaffnetes Begegnen der Welt, ohne die Rüstung der Rationalität, ohne den Schutzschild der Zweckmäßigkeit, ohne die Waffen der Berechnung.

Es ist verständlich, daß Begeisterung heute vielen Menschen verdächtig ist. Denn sie ist lenkbar, man kann sie mißbrauchen, wir lassen uns immer wieder auch für Dinge begeistern, die unsere Begeisterung nicht verdienen. Trotz dieser Einwände sollten wir uns unsere Begeisterungsfähigkeit nicht nehmen lassen. (Begeisterung heißt ja nicht, daß man dabei den Geist nicht gebrauchen dürfte.)

Zur bewegendsten Begeisterung gehört die an einer Person. Von einem Menschen begeistert, ergriffen, betroffen zu sein bewirkt die Poesie der Liebenden. (Weshalb auch die Begeisterung von Gott bei den Mystikern vielfach die Gestalt der Liebeslyrik fand.)

Für den poetischen Menschen beginnt die Welt in neuen Farben zu leuchten. Die Hütte wird zum Palast, die Geliebte wird zur Königin (vielleicht sind die diesbezüglichen Ausdrücke im Hohenlied gar nicht im Sinn der Realität gemeint). Und das Liebeslager unter freiem Himmel verliert seine Armseligkeit: „Das Grüne ist unser Bett, die Zedern sind unser Dach, und die Zypressen sind unsere Wände!" (8)

Und die Fassungslosigkeit über das Liebesglück hört sich dann so an: „Wer ist sie, die glänzt wie das Morgenrot? Wer ist sie, die strahlt wie der Mond? Wer ist sie, die scheint wie die Sonne?" (33)

LOB DER LEIDENSCHAFT

Ein vorsichtiges Lob. Nicht weil Leidenschaft etwas Schlechtes wäre, aber weil es eine Leidenschaft für das Böse gibt. Und schlechtweg gut ist Leidenschaft eben auch nicht, wenn es auch schön und gut sein kann, Leidenschaft zu erfahren. Ein vorsichtiges Lob also.

In gewisser Weise könnte man die Leidenschaft als Gegenstück der Zärtlichkeit beschreiben. Die Zärtlichkeit ist ruhig und beruhigend, behutsam und feinfühlig, tröstlich und schenkend. Die Leidenschaft ist unruhig und aufregend, vital und stürmisch, treibend und fordernd. In der Zärtlichkeit bin ich aktiv, bestimme und wähle mein Tun selbst. In der Leidenschaft widerfährt mir etwas, ich bin mehr Getriebener als Treibender. So paradox es zuerst scheinen mag: Der Zärtliche ist aktiv, der Leidenschaftliche passiv. (Im Sprachspiel werde ich vom „Trieb getrieben".)

Dem Lebensstil eines beherrschten und bewußten Menschen entspricht es, sich ungern „gehen zu lassen". Er will immer kontrollieren, was mit ihm geschieht. Er möchte sich niemandem ausliefern. Er fürchtet, sein „Gesicht" (gemeint ist die Maske) zu verlieren. Und Leidenschaft ist eine arge Versuchung, „sich zu verlieren". Doch nur wer es riskiert, sich zu verlieren, kann lieben. Einiger „Mut zur Leidenschaft" wäre anzuraten.

Dann gibt es natürlich auch Menschen, die sich allzuleicht gehen lassen, die kaum einen Widerstand entgegensetzen, wenn sie „getrieben werden". Ein sol-

cher Mensch ist allzuleicht ausgeliefert, er ist ständig
daran, „sich zu verlieren". Ihm wäre es wohl wichtiger,
„sich zu finden". Doch kann man sich anders finden, als
indem man riskiert, sich zu verlieren? Das ist doch gemeint mit dem Bibelwort: „Wer sein Leben
liebt..." (Mt 10, 39)

Den Akteuren und Sängern des Hohenliedes war die
Leidenschaft offensichtlich wenig Problem. Sie genießen die Verzauberung, die Liebenden widerfährt. Sie
sorgen sich wenig darum, sich vielleicht verlieren zu
müssen, wenn sie sich der Berückung hingeben: „Berückt hast du mich, ja berückt, Schwester Braut, mit
dem Blick deiner Blicke, mit der Perle deiner Perlen!"
(22)

Ein Anflug von Bedenken, sich der Leidenschaft all-
zusehr auszuliefern, spricht aus den Versen: „Blicke
mich bitte nicht unentwegt an! Zu groß wird sonst die
Berückung!" (31)

Nur an einer Stelle scheint die Mächtigkeit der Leidenschaft selbst den Liebenden Angst zu machen:
„Stark wie der Tod ist die Liebe, die Leidenschaft
mächtig wie die Scheol (Unterwelt)! Die Gluten der
Liebe sind feurige Gluten..." (45)

Ein zwiespältiges Lob, gewiß. Wer wüßte nicht aus eigener Erfahrung, daß Sehnsucht ebenso wie sie einen leiden macht auch ein angenehmes Gefühl bewirken mag. Ja gerade die Sehnsucht gibt ein vortreffliches Beispiel dafür ab, wie eng Freuden und Leiden verbunden sein können.

Doch bleiben wir vorerst noch beim Wort. Sehnsucht hat nichts, wie man vermuten könnte, mit „suchen" zu tun. Sie sucht ebensowenig etwas, wonach sie sich sehnen kann, wie die Eifersucht „mit Leidenschaft und Eifer sucht, was Leiden schafft". Die tatsächliche Herkunft verweist auf das Wort „siech", auf Krankheit. In den Wortbildungen „Schwindsucht" und „Wassersucht" scheint diese ursprüngliche Bedeutung der Sucht ebenso auf wie in der neueren Bedeutung bei Drogenabhängigkeit. Wer die Sehnsucht solcherart als Krankheit sieht, erkennt die Zwiespältigkeit des Unterfangens, ein Lob der Sehnsucht zu sagen.

Trotzdem will ich es versuchen. Weil ich überzeugt bin, daß es einen tieferen Sinn hat, wenn uns unsere Sehnsüchte auf etwas verweisen, wohin es uns mit aller Kraft zieht. Denn in allen Menschen steckt eine Sehnsucht nach Geborgenheit, nach Beheimatung, nach der verlorenen Kindheit, nach der verlorenen Zeit überhaupt. Und in den Armen eines geliebten Menschen finden wir heim – wenigstens für Augenblicke. (So wie ein gläubiger Mensch hoffen mag, in den Armen eines liebenden Gottes endgültig Heimat finden zu können.) Vielleicht steckt auch in der Sehnsucht nach Umarmungen die uralte Sehnsucht nach der allerersten Geborgenheit in der Umarmung des Mutterleibes. So mögen auch die Umhüllungen zu deuten sein, mit weichen Stoffen, in gemütlichen Wohnungen, Schlafhöhlen, Betten. Wir sollten uns die Sehnsucht weder verbieten lassen, noch aber sollten die Sehnsüchte unser Leben tyrannisieren. Wir sollten in unserer Sehnsucht das erahnen, worauf sie verweist.

Wie nahe Sehnsucht bei Krankheit liegt, weiß auch das Hohelied: „Töchter Jerusalems, laßt euch beschwören: Trefft ihr ihn an, zu dem mich mein Herz zieht, so richtet ihm aus, daß ich krank bin vor Liebe!" (28)

In der Liedsammlung finden sich zwei Lieder von besonders berührender Sehnsucht. Im einen sucht das Mädchen den beim nächtlichen Besuch plötzlich verschwundenen Geliebten. Und in den Verwundungen durch die Wächter, die Schlimmeres nur andeuten, verdichten sich geradezu symbolhaft die seelischen Verwundungen der liebenden Frau: „Mir stockte der Atem: er war nicht da! Ich suchte ihn, und er war nicht da! Ich rief nach ihm, und es kam keine Antwort! Die Wächter der Stadt trafen mich an beim nächtlichen Rundgang. Sie prügelten mich, sie schlugen mich wund, mein Gewand entrissen sie mir . . ." (27) An dieser Stelle wird klar, daß das Hohelied keineswegs nur eine

schmerzfreie Liebesidylle zeichnet. Tröstlicher deshalb
das andere Lied der Sehnsucht und des Suchens: „Ich
lag des Nachts in meinem Bett und begann den, zu dem
mich mein Herz zieht, zu suchen ... Kaum war ich
vorbei an den Wächtern der Stadt, da habe ich den, zu
dem mich mein Herz zieht, gefunden! Ich packte ihn
fest, ich ließ ihn nicht aus und zog ihn mit mir ..." (17)

Kein ekstatisches Lob, sondern ein nachdenkliches. Denn unser Wunsch nach Ekstase legt einen wunden Punkt unserer Existenz frei: Wir sind gebunden an die Zeit und den Ort unseres Lebens, an den Körper, unsere Identität, an unser Sosein und unser Bewußtsein. Auch wenn wir das alles gelegentlich gern hinter uns ließen.

„Ekstase" heißt „Heraustreten". Und ebenso wie nach Beheimatung sehnen wir uns nach dem Heraustreten. Es ist der uralte Wunsch, zu fliegen, uns über die Erdenschwere zu erheben. Es ist der Wunsch nach der Ferne, nach weiten Reisen. Es ist aber auch der Wunsch, mit einem geliebten Du zu verschmelzen, eins zu werden.

Schön, daß uns solche Wünsche manchmal erfüllt werden. Traurig, daß wir nach der Erfüllung allzubald zurückkehren. Schön, wenn wir für Augenblicke meinen, die einengenden Grenzen unseres Ich auf einen geliebten Menschen hin überschreiten zu können. Traurig, wenn wir auch aus einem ekstatischen Liebesrausch getrennt erwachen. Der nüchterne Realist würde sagen: Es war alles nicht wahr. Die Vereinigung war Einbildung, die Getrenntheit ist Realität. Du hast das Gefängnis deines Ich gar nicht verlassen, sondern nur für Sekunden die Gitterstäbe vergessen. Deine ganze Ekstase ist eine psychische Selbsttäuschung. Du hast dich in etwas hineingesteigert, was es gar nicht gibt. Der Poet würde sagen: Ist denn die innere Wirklichkeit keine Wirklichkeit? Das Heraustreten in der ekstatischen Vereinigung Liebender ist nicht die einzige Möglichkeit ekstatischer Erfahrungen. Denn auch wenn wir uns auf erregende Weise mit der Natur eins empfinden, ist Ekstase möglich. Oder wenn ein Künstler sich eins mit Bild, Farbe, Form, Gestalt oder einer auszuformenden Idee fühlt. Die Mystiker kennen auch die ekstatische Erfahrung der Einheit mit Gott.

Es gibt auch künstliche Ekstasen, ein käufliches Heraustreten: im Rausch, durch Drogen. Es ist wohl kennzeichnend für unsere dem Haben verhaftete Zeit, daß viele Menschen den mühsamen Weg einer wahrhaften Ekstase durch den käuflichen chemischer Ekstasen ersetzen zu können meinen.

Auch das Hohelied kennt offenbar die Wirkung einer bloß angetrunkenen Ekstase und findet, daß sie keinem Vergleich mit den Freuden der Liebe standhält: „Gut tut deine Liebe, ja, Schwester Braut, mehr als den Wein lieb' ich es, wenn du mich liebst!" (23) Und vielleicht ist auch folgender etwas dunkle Text so zu verstehen: „In den Nußgarten steig' ich, die Palme zu sehen, ob sie schon sproßt, den Weinstock zu sehen, ob er schon austreibt, die Granatbäume, ob sie schon blühen! Da war ich entrückt, und ohne mein Wissen geriet ich in Fahrt im Wagen meines Gefährten!" (34)

Was bedeutet es, die Nacht zu loben? Gilt das Lob der Verschwiegenheit oder der Stille? Gilt es dem verklärenden Licht der Lampe oder der Kerze, dem schmeichelnden Schein des Mondes, dem zarten Zauber des Sternenhimmels?

Nacht bedeutet mehr als eine andere Art von Licht. Sie ist auch jene Zeit, die uns zur Ruhe bringt, zum Schlaf, dem Bruder des Todes, auch des „kleinen Todes". Mit dem Schwinden des Bewußtseins schwindet auch die Beherrschung, die Selbstkontrolle. Die Gesichtszüge entspannen sich, bekommen einen kindlichen, vielleicht auch einen leicht blöden Anflug, die Bewegungen sind unkontrolliert, die Träume bewirken Laute, manchmal Wortfetzen, der Atem geht nicht immer frei, ein leises Schnarchen kommt auf . . .

Mit jemand das Lager zu teilen heißt zunächst auch, sich von einer anderen Seite zu zeigen, als dies tagsüber geschieht. Unkontrolliert, ausgeliefert, verletzlich. Die deutsche Redewendung „mit jemandem zu schlafen" ist daher nicht nur eine unzutreffende Ersatzformel für etwas, was man nicht so direkt nennen möchte sondern zugleich auch eine zutreffende Redewendung, aus der tiefe Intimität sprechen kann.

Die Nacht weist auch der Liebe jene Sphäre zu, die sie im Lebensrhythmus meist ausfüllt: die Nicht-Arbeit, die Ruhe-Zeit, der Rest jener Zeit, der von den lebensnotwendigen Verrichtungen übriggelassen wird. Aber auch die Zeit der Erholung, der Wiederherstellung, der Heilung. Die Nacht wie die Liebe können heilen, stärken, trösten.

Zuletzt ist die Nacht doch auch die Zeit des Geheimnisses. Denn auch die öffentlich bekannte und rechtlich sanktionierte Liebe braucht das Geheimnis. So sehr es Spaß machen kann, Liebe und Freude öffentlich zu zeigen, so sehr braucht Begegnung ungestörte Ruhe.

Gerade im Orient lädt die warme Nacht auch zum Liebesfest im Freien ein: „Wenn die Schatten wachsen und der Tag niedersinkt, komm' ich zu dir auf die duftenden Berge!" (20) So auch auf der Wanderung der Liebenden: „Komm mit, mein Freund, gehn wir aufs Land, wandern wir über die Felder! Das Nachtlager machen wir uns am Rande der Dörfer, und wenn's wieder tagt, wollen wir gleich in die Weinberge gehn, den Weinstock zu sehen, ob er schon austreibt, die Rebknospe, ob sie schon offensteht, die Granatbäume, ob sie schon blühen. Dort geb' ich mich dann, Liebster, dir hin!" (38)

Beide Lieder des Suchens und der Sehnsucht sind Lieder der Nacht. Dann nämlich erwacht die Sehnsucht und erfüllt sie sich: „Sie: Ich schlief des Nachts in meinem Bett und hörte den Freund an der Tür. Er: Mach auf, meine Freundin! Meine Schwester, mach auf! Du Taube, du Schönste, mach auf! Denn mein Haar ist voll Tau, meine Locken voll Tropfen der Nacht!" (27)

Ein kostbares Lob. Und ein subtiles. Denn Mystik ist leider zu einem verschwommenen Begriff verkommen. Viele verstehen darunter geheimnisvoll-versponnene Phantasien von Menschen, die man nicht ganz ernstnehmen müsse. Und das ist schade.

Eigentlich ist dieser Abschnitt eine Fortsetzung jenes über die Sinnlichkeit. Dort ging es um die Lust an den Erfahrungen unserer Sinne, an den Erfahrungen von außen. Doch wenn wir uns diesen Erfahrungen von außen verschließen (und „Mystik" meinte ursprünglich dieses „Schließen" von Augen und Ohren), dann werden wir empfänglich für Erfahrungen von innen her. Denn auch dafür gibt es sozusagen ein „Sinnesorgan". Nur müssen wir vielleicht recht mühsam wieder lernen, die Stille auszuhalten, das Alleinsein zu ertragen, aus der Betäubung durch die geballten sinnlichen Reize der modernen Umwelt aufzuwachen. Unsere äußere Sinnlichkeit ist möglicherweise durch die tatsächliche Reizüberflutung schon so weit abgestumpft, daß wir erst einmal einen Heilungsprozeß nötig haben, um wieder die feinen Fühler unserer Sinne „tastfähig" zu machen. Noch mehr gilt das für die noch viel feineren Fühler nach innen. Doch es lohnt sich, diesen sechsten (oder siebenten) Sinn der Sinnlichkeit nach innen zu richten. Ja – so ist es gemeint: Die Mystik ist unsere Sinnlichkeit nach innen.

Es ist ein Irrtum zu meinen, die Sinnlichkeit nach

außen würde jener nach innen im Wege stehen. Wahrscheinlich ist es aber so: In demselben Maß, in dem unsere Sinnlichkeit nach außen abgestumpft ist, haben wir auch die Fähigkeit eingebüßt, innere Erfahrungen zu machen. Der Verlust der Sinnlichkeit und das Verkommen der Mystik gehen Hand in Hand. Wir müssen uns erst wieder daran gewöhnen, daß die Ermunterung zu einer vitalen und lustvollen Sinnlichkeit und die Freude an Erotik und Lebensgenuß kein Gegensatz sind zu einer gepflegten Innerlichkeit, zu einem geistigen und geistlichen Leben, zu mystischen Erfahrungen.

In der christlichen Mystik gibt es die Vorstellungen von einer „unio mystica", einer mystischen Vereinigung mit Gott. Es gibt in der sogenannten „Nonnenmystik" die Vorstellung der Seele als Braut Christi, die Dichtungen der Mystikerinnen und Mystiker haben stellenweise eine stark erotische Färbung, und die Ekstase der Mystiker weist auf jene ewige Sehnsucht hin, unsere menschliche und geschöpfliche Existenz zu übersteigen (was unter Theologen gern „Transzendenz" genannt wird).

Mystische Erfahrungen sperren sich verständlicherweise gegen eine textliche Erfassung – denn dies wäre der Versuch einer Übersetzung aus der inneren Sinnenwelt in die äußere. Doch scheint an einer Stelle des Hohenliedes von einer solchen Erfahrung die Rede zu sein: „Mach mich zum Siegel auf deinem Herzen, steck mich als Siegelring an deine Hand!" (44) Und wenige Verse später in jenem berühmten, doch auch rätselhaften Satz von Liebe und Tod: „Stark wie der Tod ist die Liebe, die Leidenschaft mächtig wie die Scheol (Unterwelt)! Die Gluten der Liebe sind feurige Gluten, mächtige Brände! Selbst Wassermassen können die Liebe nicht löschen, selbst Ströme töten sie nicht!" (45)

Ein unpassendes Lob – könnte mancher denken.
Denn was hat Humor mit Liebe und Erotik zu tun. Ist
nicht die Liebe eine viel zu ernste Sache? Sind nicht gerade die gelegentlich zu hörenden erotischen Späße
eine recht peinliche Angelegenheit? Damit es nun nicht auch wirklich peinlich wird, eine
wichtige Unterscheidung: Es soll hier nicht um den
Witz gehen, sondern um den Humor. Auch nicht um
die Ironie, die aus einem verletzten Gemüt kommt,
nicht um den trockenen Sarkasmus, der abweisend sein
will, und schon gar nicht um den aggressiven Zynismus,
der verletzen will. Die meisten sexuellen Witze sind zy-
nisch, sie belustigen auf Kosten anderer, meist der
Frauen.

Der Humor, den ich hier meine, ist eher von sanfter
Art. Er will nicht verletzen, sondern trösten. (Auch
wenn das unbewußt sein sollte.) Der Humor, die Kunst
„trotzdem zu lachen", besteht darin, daß wir unsere gar
so wenig heile Welt nicht für die letzte Wirklichkeit
halten. Wer sich in die Tragik unseres Lebens total ver-
beißt, muß sich das Lachen verbieten. Wem die Tragik
unseres Lebens eine bloß vorläufige ist, der hat Humor.
Auch wenn dieser Humor nur ein Lächeln im Weinen
sein sollte. Wem dieser sanfte, fast möchte ich sagen
zärtliche Humor gelingt (denn er ist Trost), dem ist
auch nichts „tabu". Sein stilles Lächeln kann humorvoll

von Gott, vom Tod oder von der Liebe reden. Denn er macht sich über nichts lustig, sondern bleibt in allem, auch in Ernstem und Traurigem, letztlich froh.

Es scheint manchmal so, als würden wir die Liebe mit verbissenem Ernst betreiben. Vielleicht weil die durch viele Generationen anerzogenen Schuldgefühle noch nicht ganz verschwunden sind, vielleicht weil uns sexuelle „Leistungen" als wichtig eingeredet werden, vielleicht aber auch, weil uns die so wichtige Harmonie in der Erotik zu wichtig, zu endgültig scheint. Als ob es inmitten der Harmonien nicht auch der Dissonanzen bedürfte.

Freilich: Um humorvoll sein zu können, bedarf es einer starken Selbstsicherheit. Echter Humor ist nämlich auch Zeichen innerer Stärke. Der Schwache ist befangen, unsicher, ob sich nicht schon wieder einer auf seine Kosten lustig macht. Deshalb ist der Schwache von seiner verständlichen Humorlosigkeit nicht durch noch dicker aufgetragene Lustigkeit zu kurieren, sondern durch Takt, Verständnis und Zuwendung.

Geringes Selbstwertgefühl scheinen die Liebenden des Hohenliedes nicht gehabt zu haben. Ihre Lieder sind gefüllt von kräftigem und lebensfrohem Humor: „Der prächtigen Stute am prunkvollen Wagen, in dem der Pharao fährt, vergleiche ich dich, meine Freundin! Die Kettchen rechts und die Kettchen links hängen so hübsch am Pharaowagen der Wangen!" (4) Sogar humorvolle Koketterie finden wir im Lied des dunkelhäutigen Mädchens: „Wundert euch nicht, daß ich schwarz bin! Die Sonne war es, die mich verbrannt hat! Meine eigenen Brüder sind daran schuld, denn die Bösen ließen mich Weinberge hüten! Ja, Weinberge hüten: die reizenden Weinberge hab' ich gepflegt, meine weiblichen Reize konnt' ich nicht pflegen!" (2) Auch das humorvolle Kompliment kommt nicht zu kurz: „Er: Eine Lilie inmitten von Disteln, das ist meine Freundin inmitten der Mädchen! Sie: Ein Apfelbaum mitten im Wald, das ist mein Freund mitten unter den Männern!" (9)

LOB DES LOBES

Ein letztes Lob. Und vielleicht das wichtigste. Denn die Fähigkeit, loben zu können, scheint mir ebenso selten wie wichtig. Um es drastisch zu sagen: Wer nicht loben kann, kann nicht lieben. Oder wenigstens richtig lieben.

Was ist ein Lob? Um eine wenig nüchterne Sache nüchtern auszudrücken: Ein Lob ist eine begeisterte Zustimmung. Eine Zustimmung, eine Bekräftigung, ein Ja zu etwas, zu jemandem – kann noch nüchtern gesagt werden: Ja, das ist in Ordnung. Ja, du bist in Ordnung. Mit ein wenig mehr Begeisterung und einem Rufzeichen dahinter wird daraus ein Lob: Du bist schwer in Ordnung! Allerhand! Ich bin froh, daß ich dich habe! Es ist schön, daß es dich gibt! (Letzteres war schon eine ganz gute Liebeserklärung.) Vermutlich sind wir mit solchem allzu sparsam. Entweder wir schwächen es ab, formulieren es so nüchtern, daß die Begeisterung kaum mehr spürbar ist, und schämen uns für unsere Gefühle – oder wir machen aus dem Lob ein geschniegeltes Kompliment, in einer falschen Tonlage und gleich um drei Nummern zu groß. Vielleicht sollten wir wieder loben lernen. Aufrichtig. Mit ehrlichem Gefühl und ehrlicher Freude am anderen.

In einer etwas verstaubten Redewendung hört man gelegentlich noch: „Das lob' ich mir!" Auch das könnten wir wieder lernen: jene Dinge zu loben, die uns etwas wert sind, jene Fähigkeiten und Haltungen, die uns wichtig sind, jene Ideen, die es wert sind, daß wir uns für sie einsetzen. Vielleicht wäre es gut, wenn sich ein jeder einmal hinsetzen wollte, um sich sein eigenes kleines „Lobbüchlein" zu schreiben. So wie auch diese Schrift zum Hohenlied ein Lobbüchlein geworden ist.

Als ein Vorschlag für die Liebenden, von einem, der bei jener uralten Dichtung in die Lehre gegangen ist, die wir sicher zu Recht das „Hohelied der Liebe" oder das „Lied der Lieder" nennen.

Ein Lob durchzieht das ganze Lied: „Du bist schön, meine Freundin!" (7, 20, 31) Und viele Verse dieser Liebeslieder sind nur Variationen dieses einen Lobes: „Sag mir doch, wen, wenn nicht dich, sollte ich lieben!" (1) „Zeig dein Gesicht, zeig deine Stimme! Süß ist dein Ton, lieb dein Gesicht!" (14) „Du bist vollkommen schön, meine Freundin, uneingeschränkt schön!" (20) „Schön bist du, meine Liebe, reizend bist du, mein Glück!" (36)

Lob erhöht. Es stärkt das Selbstgefühl und die Lebensfreude des anderen. Lob baut auf. So wird der Geliebte im Lob der Liebe zum König des Herzens: „Komm zieh mich, mach rasch, komm zieh mich mit dir, ich folge dir nach! Heute bist du der König, der mich ins Gemach führt!" (1)

In diesem Abschnitt soll einiges von dem zur Sprache kommen, was im Hohenlied selbst nicht genannt wird. Für einen Text der Bibel ist zuerst einmal auffallend, daß Gott weder als Wort noch als Begriff vorkommt. (Übrigens ebensowenig im neutestamentlichen Hohenlied bei Paulus, 1. Kor. 13.) Es wird auch bei keinem Lied die Nachkommenschaft erwähnt, die man bei jenem Liebesleben durchaus erwarten kann, das letztlich Gegenstand der Lieder ist. Wenigstens die überwiegende Mehrzahl der Lieder nimmt ein unverheiratetes Paar an. Das Schlafen im Haus der Mutter oder im Freien, das Werbeverhalten, manche Heimlichkeit, aber auch der Sprachgebrauch weisen deutlich darauf hin. Natürlich kann man aus dem Verschweigen dieser Elemente nicht schließen, daß hier eine gottlose, kinderlose und ehefeindliche Beziehung gepriesen würde. Nehmen wir den Text als das, was er wahrscheinlich ist – eine Sammlung altorientalischer Liebeslieder –, dann bleibt nur eine Schlußfolgerung: Es soll in diesen Liedern (wenigstens direkt) nichts über Gott, die Ehe und die Nachkommenschaft ausgesagt werden.

Natürlich muß man sich Gedanken darüber machen, warum ein „gott-loses" Buch in die Heiligen Schriften der Juden und der Christen Eingang finden konnte. Die Frage war die längste Zeit umstritten genug. Und wahrscheinlich hat nur die früher übliche allegorisch-religiöse Deutung den Hinauswurf aus der Bibel verhindert.

Trotzdem will es mir nicht genügen, daß dieser so schöne Text nur irrtümlich in die Bibel, also sozusagen versehentlich ins falsche Regal geraten sein mag. Gerade der so langwierige Streit sowohl bei jüdischen als auch bei christlichen Bibelgelehrten läßt vermuten, warum eine erotische Liedersammlung „Gottes Wort" sein soll.

Die überspitzte Formulierung des letzten Satzes mag es schon andeuten: In der Botschaft der Liebenden vernehmen wir die Botschaft eines liebenden Gottes. In den Gesten der Liebenden ist ein liebender Gott am Werk. Im Liebesspiel der Liebenden spielt der liebende Gott sein Schöpfungswerk fort. Deshalb ist ein Lob der Liebe auch ein Lob Gottes. Deshalb scheute sich auch die jüdische Liturgie nicht, diese Dichtung im Gottesdienst (Pascha = Ostern) zu verwenden.

Beim „zweiten Jesaja" (Deuterojesaja) wird das neue Jerusalem mit folgendem Text besungen:

„Nicht länger nennt man dich ‚Die Verlassene'
und dein Land nicht mehr ‚Das Ödland',
sondern man nennt dich ‚Meine Wonne'
und dein Land ‚Die Vermählte'.
Denn der Herr hat an dir seine Freude,
und dein Land wir mit ihm vermählt.
Wie der junge Mann sich mit der Jungfrau vermählt,
so vermählt sich mit dir dein Erbauer.

Wie der Bräutigam sich freut über die Braut,
so freut sich Gott über dich." (Jes. 62, 4–5)

Der jüdischen Überlieferung war der Gedanke vertraut, von Gott in „bräutlicher Liebe" erwählt zu sein. Deshalb war auch das „gott-lose" Hohelied für einen gläubigen Juden durchaus ein heiliges Lied, wert, in der Heiligen Schrift zu stehen. Deshalb wird auch im einzigen ausdrücklichen Hochzeitslied aus dem Hohenlied Jerusalem angesprochen: „Töchter Jerusalems, schaut! Seht, Töchter Zions, den Hochzeitszug! Seht, Salomo trägt heute als König die Krone der Hochzeit, die ihm seine eigene Mutter zur festlichen Feier bereitet!" (19)

EIN ZÄRTLICHER GOTT

So ist denn zuletzt noch über jenen Gott zu reden,
der in den beschriebenen Texten wohl kein einziges
Mal vorkommt, dennoch jenen Menschen, aus denen
heraus diese Lieder entstanden sind und unter denen sie
verbreitet waren und gesungen wurden, so vertraut war,
daß er den Hintergrund für eine der schönsten Liebesdichtungen der Weltliteratur bildet. Welcher Gott steht
hinter den Liebenden, deren Lieder wir bewundern?
Zuerst: er ist kein eifersüchtiger Gott. Die Rede vom
„eifersüchtigen Gott" war zwar der Bibel vertraut. Gemeint war jedoch kein Gott, der auf menschliche Liebe
eifersüchtig wäre, der einen menschlichen Geliebten als
seinen Konkurrenten sähe. Vom eifersüchtigen Gott
spricht die Bibel dann, wenn es um Götzen geht, um
andere Götter, um goldene Kälber und all das, was
Gott entthronen soll. Im menschlichen Geliebten sieht
Gott hingegen keinen Rivalen, sondern das sinnliche
Bild seiner eigenen Liebe zum Menschen. An dieser einzigen Stelle soll doch auch einmal davon gesprochen
werden, daß einer der Gründe, warum die christliche
Tradition das Hohelied meist mit spitzen Fingern weit
weg von sich gehalten hat, darin liegt, daß sie von einer
leib- und sexualfeindlichen Prägung her keine rechte
Freude an einer erotischen Dichtung in der Bibel ent-
wickeln konnte. Immerhin läuft so manches in diesem
Text auf voreheliche Beziehungen, auf unbefangene
Erotik und auf ein Lob der sexuellen Lust hinaus. (Da-

bei dürfte das Hohelied völlig ungeeignet sein, irgendwelche moralische Fragen zu beantworten oder gar eine
Sexualethik zu untermauern.) Die christlichen Kirchen
müssen halt allmählich lernen (und sind zum Teil schon
dabei), die Sexualität und die Erotik nicht immer zuerst
und zuvorderst als moralisches Problem zu betrachten.
Vielleicht entdecken sie dann die viel wichtigere religiö-
se Bedeutung der menschlichen Liebe: sinnliches Bild
der Liebe Gottes zu sein. Den eifersüchtigen Gott hingegen, der den Menschen menschliche Liebe mißgönnt,
könnten wir dann baldigst verabschieden.

Mit dem zu verabschiedenden eifersüchtigen Gott
wäre aber ein noch kaum entdeckter Gott zu erkennen:
ein zärtlicher Gott. Mit all dem, was über Zärtlichkeit
bereits gesagt wurde. Ein Gott, der unsere Verletzlichkeit kennt – und deshalb nicht in unseren Wunden
wühlt. Ein Gott, der unsere Bedürftigkeit kennt – und
deshalb ein schenkender Gott ist. Ein Gott, der unsere
Trauer kennt – und deshalb ein tröstender Gott ist.

Wie zwischen den Zeilen jenes Hohenliedes, in dem
nicht einmal das Wort „Gott" vorkommt, doch immer
wieder der Gott der Bibel zu spüren ist – so kam auch
in diesen Kapiteln immer wieder jener Gott vor, der
von Paulus der „Gott allen Trostes" (2. Kor. 1, 3) genannt wird. Es ist jener Trost, der ihn an andrer Stelle
gewiß sein läßt, daß weder Tod noch Leben noch
irgendwelche gute oder böse Mächte „ihn zu trennen

vermögen von der Liebe Gottes" (Röm. 8, 39). Er, der Jude Paulus, und er, der Jude Christus, wußten hinter den Liebenden – den zärtlichen Gott.

Ein zärtlicher Gott, der sich an der Liebe und der Lust der Menschen freut, wenn sie singen: „Komm küß mich und leg deinen Mund auf den meinen! Mehr als den Wein lieb' ich es, wenn du mich liebst!" (1)

Das neutestamentliche Hohelied der Liebe!

Peter Paul Kaspar

„... UND HÄTTE DIE LIEBE NICHT"

Meditationen zu 1 Kor 13

Mit 6 Farbfotos und 21 Schwarzweißfotos von Peter und Sergius Kodera
80 Seiten, Format 13 × 22,5 cm, Pappband cellophaniert
2. Auflage

„Ich will euch einen Weg weisen, der über alle Wege hinausführt ..., über allem steht die Liebe." (1 Kor 12, 31 b; 13, 13)

Den anspruchsvollen Weg, den Paulus in seinem „Hohenlied der Liebe" weist, verdeutlicht Pater Paul Kaspar mit seinen meditativen Texten.

Wie der Autor den Text neu übersetzt und aktualisiert, wie er aufzeigt, daß in den vielfältigen Situationen des Lebens die Liebe befreit und Sicherheit gibt, bei der Orientierung hilft und das Beste im Menschen aktiviert – das ist schon lange nicht so einfach und packend zugleich beschrieben worden.
Eine echte Lebenshilfe, die durch die schönen und meditativen Fotos von Peter und Sergius Kodera bereichert wird.

Ein Geschenkbuch für Menschen, die ihrem Leben einen Sinn geben wollen!

Verlag Herder Wien · Freiburg · Basel